글 윤아해

성균관대학교 아동학과 박사과정에서 아동문학을 전공했습니다.
지금은 아동문학과 그림책 창작을 강의하고 있습니다.
유아를 위한 문학 프로그램을 개발하면서 재미있는 그림책 기획도 하고 있답니다.
쓴 책으로는 그림책 〈숫자야, 어디 있니?〉, 〈다윗이 양들을 돌봐요〉, 〈또 고양이와 쥐〉,
이론서 〈그림책과 예술교육〉, 〈정보책에서 길 찾기〉 등이 있습니다.

그림 심미아

한국출판미술신인대상전 특별상과 보림창작그림책공모전 우수상을 받았습니다.
재미있는 것들로 가득한 할아버지 댁에서의 어린 시절을 생각하며 어린이책에 그림을 그리고 있습니다.
쓰고 그린 책으로는 〈고양순〉, 〈장화 쓴 공주님〉, 〈집에 가는 길〉 등이 있습니다.

감수 신항균

성균관대학교 대학원 수학과를 졸업했습니다.
공군사관학교와 우석대학교 교수를 역임했고,
미국 애리조나 주립대학교 수학과 교환교수로도 활동한 바 있습니다.
지금은 서울교육대학교 수학교육과 교수로 재직 중이며,
동 대학교 초등수학교육연구소장으로 있습니다.
또한 서울교육대학교 영재교육원 운영위원으로도 활동하고 있습니다.
초등학교와 중학교, 고등학교에 이르기까지 수학교과서 집필책임교수로 활동했고,
저서로는 〈수학사와 수학이야기〉, 〈클릭 수학나라〉, 〈영재들의 1등급 수학교실 시리즈〉가 있습니다.

1단계 생활 속 수 04
별별 공주님

글 윤아해 그림 심미아 감수 신항균
펴낸곳 (주)아람키즈 펴낸이 이소영 주소 서울특별시 성동구 성수이로 147 아이에스비즈타워 2F
고객센터 1644-4521 팩스 02-468-5548 홈페이지 www.aramkids.co.kr 출판등록 제2020-000011호
기획 편집 디자인 (주)아람키즈 하늘땅
ISBN 979-11-6543-545-5 979-11-6543-509-7(세트)

ⓒ (주)아람키즈
이 책은 저작권법에 따라 보호를 받는 저작물이므로 무단전재와 무단복제를 금합니다. 이 책 내용의 전부 또는 일부를 이용하려면 저작권자의 서면 동의를 받아야 합니다.

• 눈을 편안하게 해 주는 친환경 식물성 원료인 콩기름 잉크로 인쇄하였습니다.
⚠ 책 모서리가 날카로워서 다칠 수 있으니 사람을 향해 던지거나 떨어뜨리지 마십시오.
⚠ 종이에 베이거나 긁힐 수 있으므로 주의해 주십시오.

별별 공주님

글 윤아해 · 그림 심미아 · 감수 신항균

아람키즈

별별 공주님은 별만 좋아해.
노랑 별, 빨강 별, 초록 별, 하루 종일 별만 그리지.
"공주님, 숫자 공부할 시간입니다."
일이삼 선생님 말에 공주님은 얼굴을 *찌푸려.
"싫어, 싫어! 숫자는 정말 싫어.
숫자를 모두 별로 바꾸어 버릴 거야."

"시계의 **숫자**는…… 노랑 별!"

"전화기의 숫자는…… 초록 별!"

"엘리베이터에도 **숫자**가 있네?
이건 모두 반짝이 별!"

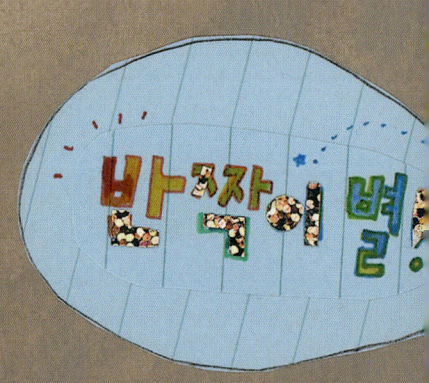

"아유, 배고파.
밥 먹을 시간인가 봐.
지금 **몇 시**지?"
하지만 아무도 대답할 수 없었어.
시계에 **숫자**가 없었거든.

"시계가 없어도 밥은 먹을 수 있어.
식당이 **몇 층**이지?"
하지만 아무도 버튼을
누를 수 없었어.
숫자판에 **숫자**가 없었거든.

"일이삼 선생님은 아실 거야.
전화해서 오시라고 해 줘."
하지만 아무도 전화를 할 수 없었어.
전화기에도 **숫자**가 없었으니까.

공주님은 눈물이 *그렁그렁해졌지.
그때 일이삼 선생님이 나타났어.
"며칠 있으면 별 보러 가는 날인데
달력을 볼 수가 없군요!"
공주님은 그만 울음을 터뜨렸지.
시계, 엘리베이터, 전화기, 달력에
숫자가 꼭 있어야 한다는 걸 알게 되었어.

그다음은 어떻게 됐을까?
별별 공주님은 여전히 별을 좋아했대.
그리고 **숫자**도 아주 좋아하게 되었대.

 엄마가 보기

🌸 생활 속의 수를 알아보아요

우리 주변에는 많은 숫자들이 있습니다. 집 안의 사물들 중에는 **벽시계, 전화기, 달력, 리모컨, 계산기** 등에 숫자가 있습니다. 집 밖에서는 **엘리베이터, 자동차 번호판** 등에서 숫자를 볼 수 있습니다. 은행에서도 숫자로 된 **번호표**를 뽑아서 기다려야 합니다. 물건을 살 때도 돈을 건네야만 하는데, 그 돈에도 숫자가 적혀 있습니다. 이렇게 숫자는 우리 생활에 꼭 필요합니다.

이 책을 통해 아이들에게 **생활 속에서 수가 많이 사용되고 있음**을 알게 해 주세요. 아이에게 전화기의 전화번호를 눌러 보게 하거나 엘리베이터에 탔을 때 몇 층인지 눌러 보게 하는 것도 훌륭한 활동이 됩니다. 달력이나 계산기를 이용해 같은 모양의 숫자를 찾아 보게 하는 것도 좋습니다. 단, 아이에게 틀렸다고 나무라진 마세요. 아이는 아직 숫자를 잘 모르니까요.

 아이가 보기

별별 공주님은 별만 좋아해요

별별 공주님은 숫자를 모두 별로 바꾸었지요.
숫자를 별로 바꾸기 전에 그 자리에는 어떤 숫자가 있었을까요?

1단계 수 연산
생활 속 수

시계

전화기

달력

 아이와 함께 하기

숫자가 있는 물건을 찾아요

다음 그림에서 숫자가 있는 물건을 모두 골라 ○ 해 보아요.

별별 공주님은 숫자가 없어서 아무것도 할 수 없었어요.
숫자가 없어서 불편해진 상황을 떠올려 보고, 그림에 알맞은 문장을
연결해 보아요.

1단계 수 연산
생활 속 수

전화기에 숫자가 없어서
전화번호를 제대로 누르기 힘들어.

달력에 숫자가 없어서
별 보러 가는 날을 알 수가 없어.

엘리베이터에 숫자가 없어서
알맞은 버튼을 누를 수가 없네.

시계에 숫자가 없어서
몇 시인지 알기 힘들어.